T0038041

Lávate las manos, María

Pilar López Ávila

Ilustraciones de Roser Calafell

Bruño

La pequeña María está muy contenta: ha aprendido
a escribir su nombre.

Se lo cuenta a papá cuando viene a recogerla.

Pero sus hermanos no paran de gritar en el coche y papá
no la escucha.

María cruza los brazos y se pone de morros.

A los hermanos de María los llaman *mellis* porque son
como dos gotas de agua.

Cuando llegan a casa, papá les dice:

—Lavaos bien las manos y los churretes de la cara.

Guillermo y Gael van corriendo al cuarto de baño y se pelean por el jabón.

Y María… corre a su habitación y escribe sobre un papel, con letras de colores, su nombre. Para enseñárselo a mamá cuando llegue de trabajar.

Mientras papá calienta la comida, mamá llega del trabajo.

Los *mellis* corren a darle un beso.

María acaba de poner la última letra de su nombre y sale al encuentro de mamá.

—Ay, María —le dice esta emocionada, dándole un abrazo—, qué alegría… ¿Te has lavado las manos para comer?

—Hum…, sí… —vacila.

Pero no.

María no se ha lavado las manos.

Y las tiene muy sucias.

A decir verdad, las tiene asquerosas.

A María no le importa, porque así
recuerda lo que ha hecho en el cole.

Por ejemplo, un dedo le sabe al regaliz que le dio su amiga Marta.

Otro le sabe a pintura de dedos amarilla,
y es como si fuera un caramelo de limón.

El meñique le sabe… ¡a tierra!

—¡Qué asco!
—exclama María.

Y hay uno que le sabe a mortadela… ¡Qué rico!

Después de comer, papá y mamá se sientan en la terraza.

A María le encanta jugar en el balcón.

Entonces, mamá se fija en las manos de María y le entran muchas ganas de enfadarse.

Aunque será mejor convencerla de otra forma.

—¿Sabes, María? —le dice—. Todo el mundo se lava las manos…

—¡Los perros no se las lavan! —se enfada María.

—¡Porque no tienen manos! —interviene papá, riéndose—. Cuando vienen de la calle, se frotan las patas contra el suelo y se las limpian.

María se queda pensativa.

—¿Y los gatos? ¿También se las frotan?

—Los gatos se las lamen con la lengua, son muy limpios.

A papá y a mamá no les importa contestar a todas las preguntas de María.

—¿Y los pájaros se lavan las manos?

—Se lavan las patas en la fuente y algunos más pequeños hasta se bañan en ella.

—Y… ¿las ranas?

—Cuando quieren lavarse, saltan a los charcos.

—¿Y las mariquitas?

—Se lavan las patitas
en las gotas de agua
que hay sobre las hojas.

—Las moscas seguro que no se lavan…

—Las moscas se chupan las patas.
Aunque no lo parezca,
son muy aseadas.

—¿Y los camaleones de la playa?

—Se lavan en el mar.

—¿Y los peces?

Mamá y papá se quedan callados
un momento.

—No necesitan lavarse…
¡porque ya están mojados!

Y se ríen los tres.

María lo ha entendido muy bien.
Pero le da tanta pereza lavarse
las manos, que no lo hace
y se chupa un dedo que sabe
a chocolate.

Por la tarde bajan al parque. María en bici y los *mellis*
con sus patinetes.

Se lo están pasando genial… hasta que a María le pasa el patinete
de Guille por encima de un dedo.

—¡Ay, me duele mucho! —corre María llorando hacia su padre.

La uña está un poco rota y parece que quiere salir una gota
de sangre.

—No pasa nada, María —la tranquiliza papá—. Esto lo arreglamos
en un momento con un poquito de alcohol.

Papá emprende el camino a casa. Guille y Gael van detrás,
muy preocupados.

—¡No! —llora María, más fuerte—. ¡Alcohol nooooooo!

Ya en casa, papá le explica a María lo que va a hacer.

—De momento, solo quiero que te laves bien las manos…
como haces siempre…

María llora y llora.

—Es que no sé lavarme las manos… porque nunca lo hago.

Papá la mira con una sonrisa.

Mamá y los *mellis* se acercan al cuarto de baño.

—Pues tendré que enseñarte con una canción… —dice papá.

Lavarse las manos
con agua y jabón
siguiendo estos pasos,
¡qué gran diversión!
(¡Dos veces!)

Primero las palmas
quieren aplaudir,
las froto con ganas
y me echo a reír.

Los dorsos me lavo
con gran decisión.
Ya vienen los dedos
¡y son un montón!

Lavarse las manos
con agua y jabón
siguiendo estos pasos,
¡qué gran diversión!

Se cruzan los dedos
que quieren bailar,
se mueven con ritmo,
siguen el compás.

28

Del que está solito
no te has de olvidar
pues quiere lavarse
¡el dedo pulgar!

Lavarse las manos
con agua y jabón
siguiendo estos pasos,
¡qué gran diversión!

Por fin las muñecas
para terminar,
las manos brillantes,
ya llega el final.

Se enjuagan con agua,
¡adiós al jabón!
Con estos papeles
me las seco yo.

Lavarse las manos
con agua y jabón
siguiendo estos pasos,
¡qué gran diversión!
(¡Dos veces!)

Escucha la canción en la dirección
https://www.brunolibros.es/lavate-las-manos-maria/
o con tu móvil inteligente

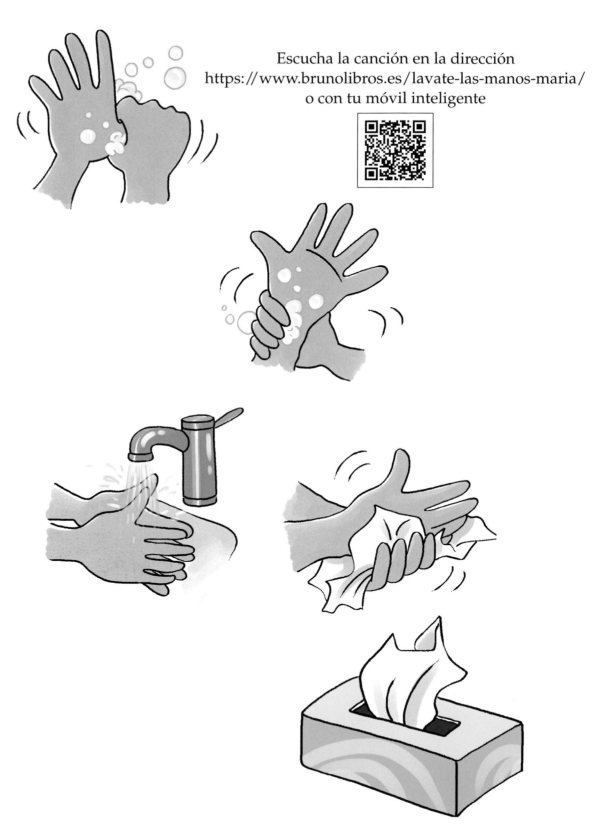

María abre el grifo.

Coge el jabón.

¡Y se lava las manos!

Canta la canción que le enseñó papá, y le da un poco de pena que se le vaya el sabor a menta de la pintura de dedos, que hoy era verde…

Luego corre a su habitación.

Cuando mamá entra en casa,
le enseña lo que ha escrito:
«María se lava las manos».

Y se lleva un achuchón.

© Pilar López Ávila

© Roser Calafell

© Grupo Editorial Bruño, S. L., 2020
Juan Ignacio Luca de Tena, 15.
28027 Madrid
www.brunolibros.es

Dirección Editorial: Begoña Lozano
Edición: Carmina Pérez
Maquetación: Pablo Pozuelo
Diseño: Gerardo Domínguez

ISBN: 978-84-696-2979-6
Depósito legal: M-17896-2020

PAPEL DE FIBRA
CERTIFICADO

Reservados todos los derechos. Quedan rigurosamente prohibidas, sin el permiso
escrito de los titulares del *copyright*, la reproducción o la transmisión total o parcial
de esta obra por cualquier procedimiento mecánico o electrónico, incluyendo
la reprografía y el tratamiento informático y la distribución de ejemplares
mediante alquiler o préstamo público.